www.QuoraChinese.com

CONFUCIUS BIOGRAPHY

孔子传

中国历史名人传记

QING QING JIANG

江清清

PREFACE

I am excited to welcome you to the Chinese Biography series. In this series, we will discover lives of some of the most famous people from Chinese history. Each book will introduce a famous Chinese personality whose contributions were immense to shape China's future. The books in Biography series contain numerous lessons in Mandarin Chinese. We start with a brief introduction of the book in the preface (前言), a bit detailed introduction to the person, and continue to dig his life and relevant issues. Each book contains 6 to 10 chapters made of simple Chinese sentences. For the readers' convenience, a comprehensive vocabulary has been provided at the beginning of each chapter. The pinyin for the Chinese text is provided after the main text. Further, to enforce a deeper Chinese learning, the English interpretation of the Chinese text has been purposely excluded from the books. This would help the readers think deeply about the contents the way native Chinese do! In order to help the students of Mandarin Chinese remember important characters, words, long words, idioms, etc., these entities have been purposely repeated throughout the book, and across the books in the series. Taken together, the books in Biography series will tremendously help readers improve their Chinese reading skills.

If you have any questions, suggestions, and feedbacks, feel free to let me know in the review or comments.

You can find more about China and Chinese culture on my blog and Amazon homepage.

I blog at:

www.QuoraChinese.com

-Qing Qing

江清清

©2022 Qing Qing Jiang

All rights reserved.

MOST FAMOUS & TOP INFLUENTIAL PEOPLE IN CHINESE HISTORY

SELF-LEARN READING MANDARIN CHINESE, VOCABULARY, EASY SENTENCES, HSK ALL LEVELS

(PINYIN, SIMPLIFIED CHARACTERS)

ACKNOWLEDGMENTS

I am a blogger. It has been a long and interesting journey since I started blogging quite a few years ago.

The blogging passion enabled me to write useful contents. In particular, I have been writing about China, and its culture.

My passion in writing was supported by my friends, colleagues, and most importantly, the almighty.

I thank everyone for constantly inspiring me in my life endeavours.

CONTENTS

PREFACE 2
ACKNOWLEDGMENTS 4
CONTENTS 5
LIFE (人物生平) 7
THE BIRTH OF CONFUCIUS (孔子的出生) 10
EARLY EXPERIENCES (早年的经历) 15
CONFUCIUS' OFFICIAL CAREER (孔子的仕途) 20
CONFUCIUS' ACHIEVEMENTS (孔子的成就) 28
THE STORY OF CONFUCIUS (孔子的故事) 33
STATUS OF CONFUCIUS (孔子的地位) 39

前言

前言：孔子，中国古代的一位学者，距今已有两千多年的历史了。就是这么一个人，被联合国评为世界十大文名人之一，而且位列第一。一个离我们如此遥远的人，是如何跨越时空对我们产生这么大的影响。孔子究竟有着什么样的魅力，能让全世界都承认他的地位。我想最重要的就是，孔子的思想。孔子是儒家学派的创始人，儒家文化影响了中国几千年，同时也在世界范围内传播开来。就比如说，孔子学院，顾名思义，孔子学院的设立就是为了传播孔子的思想，同时推广汉语，传播中华文化。截止到目前为止，中国已经在一百多个国家创办了五百多所孔子学院。可见孔子学院被广大国家说接受和学习。今天我们便来仔细讲一讲孔子，让我们一起来看一看一代伟人是如何练成的。

Kǒngzǐ, zhōngguó gǔdài de yī wèi xuézhě, jù jīn yǐ yǒu liǎng qiān duō nián de lìshǐle. Jiùshì zhème yīgè rén, bèi liánhéguó píng wèi shìjiè shí dà wén míngrén zhī yī, érqiě wèi liè dì yī. Yīgè lí wǒmen rúcǐ yáoyuǎn de rén, shì rúhé kuàyuè shíkōng duì wǒmen chǎnshēng zhème dà de yǐngxiǎng. Kǒngzǐ jiùjìng yǒuzhe shénme yàng de mèilì, néng ràng quán shìjiè dōu chéngrèn tā dì dìwèi. Wǒ xiǎng zuì zhòngyào de jiùshì, kǒngzǐ de sīxiǎng. Kǒngzǐ shì rújiā xuépài de chuàngshǐ rén, rújiā wénhuà yǐngxiǎngle zhōngguó jǐ qiān nián, tóngshí yě zài shìjiè fànwéi nèi zhuàn bō kāi lái. Jiù bǐrú shuō, kǒngzǐ xuéyuàn, gùmíngsīyì, kǒngzǐ xuéyuàn de shèlì jiùshì wèile chuánbò kǒngzǐ de sīxiǎng, tóngshí tuīguǎng hànyǔ, chuánbò zhōnghuá wénhuà. Jiézhǐ dào mùqián wéizhǐ, zhōngguó yǐjīng zài yībǎi duō gè guójiā chuàngbànle wǔbǎi duō suǒ kǒngzǐ xuéyuàn. Kějiàn kǒngzǐ xuéyuàn bèi guǎngdà guójiā shuō jiēshòu hé xuéxí. Jīntiān wǒmen biàn lái zǐxì jiǎng yī jiǎng kǒngzǐ, ràng wǒmen yī qǐlái kàn yī kàn yīdài wěirén shì rúhé liàn chéng de.

LIFE (人物生平)

Confucius (孔子, 551 BC-479 BC) was a great ancient Chinese philosopher, thinker, statesman, educator, and the founder of the Confucian school (儒家学派).

Confucius was born in September 28, 551 BC, during the Spring and Autumn Period (春秋, 770 BC-476 BC). His birthplace was ZuoyI in Lu State (鲁国陬邑), which is located in the modern Qufu City of Shandong Province (今山东省曲阜市).

Shang Tang (商汤), the founding monarch of the Shang Dynasty (商朝, 1600 BC-1046 BC, was Confucius' ancestor.

His surname was Kong (孔姓), derived from the ancient surname Zi (子姓). The given name of Confucius was Qiu (丘). Confucius was born with depressions on the top of his head, hence he was named Qiu (丘), meaning "mound". Because of this mound, his father named him Qiu.

Confucius is known by many names in China, such as Kong Zi (孔子), Ni Fu (尼父), Kong Fuzi (孔夫子).

The name Confucius the Romanization of Kong Fuzi. It has been a Chinese tradition to call prominent philosophers by adding 子 to their surname. For example, Meng Ke (孟轲), also known as Mencius, was called Meng Zi (孟子). Similarly, Li Ming'er (李名耳) was called Lao Zi (老子).

Confucius was a versatile person, always willing to learn. He created the atmosphere of private lectures, and accepted a wide range of disciples, regardless of whether the students were rich or poor. It is said that he had about 3,000 disciples, of which 72 were outstanding, and these 72 appear in the Analects of Confucius (论语).

Confucius lived a very simple life and traveled to many countries to promote his own ideas. He became the messenger of cultural dissemination. Everywhere we went, he was praised by the people. As he traveled to so many places, he led some of his disciples to travel (周游列国) around different states of ancient China for 14 years.

Confucius advocated benevolence (仁), righteousness (义), courtesy (礼), wisdom (智), and trustworthiness (信), collectively known as Wisdom and Faith (仁义礼智信).

He devoted himself to the sorting and dissemination of ancient documents. In his later years, he revised the Six Classics (六经), namely The Book of Songs《诗》, The Book of History《书》, The Book of Rites《礼》, Book of Music《乐》, The Book of Changes《易》, and the Spring and Autumn Annals《春秋》.

After his death (April 11, 479 BC), his disciples recorded his words, deeds and thoughts (of Confucius) and compiled them into The Analects《论语》. The book is regarded as a Confucian Classic (儒家经典).

Through his lifelong advocacy and the development of Confucianism in successive regimes, Confucius made Chinese Confucianism the mainstream of Chinese culture that has been the guiding ideology of the Chinese for more than two thousand years. The core of Confucius' ideological system is the rule of virtue. He persistently advocated moral values, moralized society and a moralized life. The highest values of Confucianism philosophy include propriety (礼), and benevolence (仁).

When Confucius was alive, he was one of the most pioneering scholars (博学者) in the society at that time. He was revered as "Saint of Heaven" (天纵之圣) and "Heavenly Teacher" (天之木铎). Even the emperors respected him as the Greatest Sage (至圣), and the Greatest Sage and Master (至圣先师).

His thought had a far-reaching impact on China and the world. The people went on to offer sacrifices to Confucius (祭孔/祭孔大典). Sacrifice to Confucius became a grand ceremony held in the Temple of Confucius (孔庙/文庙) in order to honor and remember the most holy teacher, i.e., Confucius. Offering sacrifices to Confucius once became a great sacrifice of the same level as the sacrifice of ancestors (祭祀) in China.

The tomb of Confucius (孔子墓), a National AAAAA-level tourist attraction, is located in the north of Qufu City, Jining City, Shandong Province (山东省济宁市曲阜城北). The site of his tomb, part of the Confucius Forest (孔林), is open to public visits. The east of the tomb of Confucius is the tomb of his son Kong Li (孔鲤墓), and the south is the tomb of his grandson Kong Ji (孔伋墓).

THE BIRTH OF CONFUCIUS (孔子的出生)

1	孔子	Kǒngzǐ	Confucius
2	叫做	Jiàozuò	Be called; be known as
3	名气	Míngqì	Reputation; fame; name
4	武将	Wǔjiàng	General; military officer
5	功劳	Gōngláo	Contribution; meritorious service; credit
6	朝廷	Cháotíng	Royal or imperial court
7	担任	Dānrèn	Assume the office of; hold the post of
8	一官半职	Yī guān bàn zhí	Official appointment; an unimportant official post
9	家底	Jiādǐ	Family property, accumulated over a long time
10	妻子	Qīzi	Wife; wife and children
11	女儿	Nǚ'ér	Daughter; girl
12	生出	Shēngchū	Give birth to; bear
13	儿子	Érzi	Son
14	于是	Yúshì	Thereupon; hence; consequently; as a result
15	虽然	Suīrán	Though; although
16	腿脚	Tuǐjiǎo	Legs and feet; ability to walk
17	有毛病	Yǒu máobìng	Sick; ill; have something wrong; be out of order
18	仍然	Réngrán	Still; yet; as usual; as before
19	不满意	Bù mǎnyì	Unsatisfactory; dissatisfaction; Dissatisfied
20	年纪	Niánjì	Age
21	二十	Èrshí	Twenty

#	汉字	Pinyin	English
22	成婚	Chénghūn	Get married
23	其实	Qíshí	Actually; in fact; as a matter of fact; really
24	不符合	Bù fúhé	Inconformity
25	常理	Chánglǐ	Convention; logical thinking
26	毕竟	Bìjìng	After all; all in all; when all is said and done; in the final analysis
27	不合适	Bù héshì	Improper; inappropriate; out of place
28	执意	Zhíyì	Insist on; be determined to; be bent on
29	在一起	Zài yīqǐ	Be together; hold together
30	夫妻	Fūqī	Man and wife
31	生育	Shēngyù	Give birth to; bear
32	祈祷	Qídǎo	Pray; say one's prayers; supplicate
33	也就是	Yě jiùshì	Namely; i.e.; that is
34	本来	Běnlái	Original
35	安慰	Ānwèi	Comfort; console
36	神奇	Shénqí	Magical; mystical; miraculous; peculiar
37	回来	Huílái	Return; come back; be back; go back; back
38	所以	Suǒyǐ	So; therefore; as a result
39	当时	Dāngshí	Then; at that time; just at that moment; right away; at once; immediately
40	名字	Míngzì	Name; title
41	时候	Shíhòu	Time
42	取名	Qǔ míng	Be named; to name; to seek fame
43	来源于	Láiyuán yú	Originate; stem from; root in
44	看出	Kàn chū	Make out; perceive; find out; be

			aware of
45	出生	Chūshēng	Be born; birth
46	十分	Shífēn	Very; fully; utterly; extremely
47	父母	Fùmǔ	Father and mother; parents
48	年龄	Niánlíng	Age
49	相差	Xiāngchà	Phase difference; differ
50	那么	Nàme	Like that; in that way
51	奇迹	Qíjī	Miracle; wonder; marvel

Chinese (中文)

首先从孔子的父母讲起。孔子的父亲叫做叔梁纥，母亲叫做颜征在。他的父亲在鲁国是一名比较有名气的武将，也为国家立下了不少功劳，也在朝廷当中担任过一官半职，所以家底还算殷厚。

叔梁纥第一任妻子施氏为他生了九个女儿，就是没有生出一个儿子。于是他又娶了妾，这个小妾虽然给他生出了一个儿子，但是他的腿脚有毛病，叔梁纥仍然不满意，这才娶了颜征在。

但是当时叔梁纥已经 66 岁的年纪了，这个年纪已经很大了，而颜征在才二十岁不到，这两个人成婚其实是不符合常理的，也是不被人支持的，毕竟于情于理都不合适，但这两人还是执意要在一起。

因为叔梁纥年事已高，夫妻俩都担心生育能力会受到影响。于是颜征在去仲尼山上祈祷，也就是我们所说的求子。本来只是求个心理安慰，也没抱太大希望，但神奇的是，颜征在回来之后确实怀上了孕，并且成功生下了孔子。

所以当时给孔子取名字的时候，给他取名丘，字仲尼，正是来源于此。

所以我们可以看出孔子的出生其实是十分不易，父母年龄相差那么大，最后还能成功生下孔子，已经是一个奇迹了。

Pinyin (拼音)

Shǒuxiān cóng kǒngzǐ de fùmǔ jiǎng qǐ. Kǒngzǐ de fùqīn jiàozuò shū liáng gē, mǔqīn jiàozuò yán zhēng zài. Tā de fùqīn zài lǔ guó shì yī míng bǐjiào yǒu míngqì de wǔjiàng, yě wèi guójiā lì xià liǎo bù shǎo gōngláo, yě zài cháotíng dāngzhōng dānrènguò yī guān bàn zhí, suǒyǐ jiādǐ hái suàn yīn hòu.

Shū liáng gē dì yī rèn qīzi shī shì wèi tā shēngle jiǔ gè nǚ'ér, jiùshì méiyǒu shēngchū yīgè er zi. Yúshì tā yòu qǔle qiè, zhège xiǎo qiè suīrán gěi tā shēngchūle yīgè er zi, dànshì tā de tuǐjiǎo yǒu máobìng, shū liáng gē réngrán bù mǎnyì, zhè cái qǔle yán zhēng zài.

Dànshì dāngshí shū liáng gē yǐjīng 66 suì de niánjìle, zhège niánjì yǐjīng hěn dàle, ér yán zhēng zài cái èrshí suì bù dào, zhè liǎng gèrén chénghūn qíshí shì bù fúhé chánglǐ de, yěshì bù bèi rén zhīchí de, bìjìng yú qíng yú lǐ dōu bù héshì, dàn zhè liǎng rén háishì zhíyì yào zài yīqǐ.

Yīnwèi shū liánggēnián shì yǐ gāo, fūqī liǎ dōu dānxīn shēngyù nénglì huì shòudào yǐngxiǎng. Yúshì yán zhēng zài qù zhòng ní shānshàng qídǎo, yě jiùshì wǒmen suǒ shuō de qiú zi. Běnlái zhǐshì qiú ge xīnlǐ ānwèi, yě méi bào tài dà xīwàng, dàn shénqí de shì, yán zhēng zài huílái zhīhòu quèshí huái shàngle yùn, bìngqiě chénggōng shēng xiàle kǒngzǐ.

Suǒyǐ dāngshí gěi kǒngzǐ qǔ míngzì de shíhòu, gěi tā qǔ míng qiū, zì zhòng ní, zhèng shì láiyuán yú cǐ.

Suǒyǐ wǒmen kěyǐ kàn chū kǒngzǐ de chūshēng qíshí shì shífēn bùyì, fùmǔ niánlíng xiāngchà nàme dà, zuìhòu hái néng chénggōng shēng xià kǒngzǐ, yǐjīng shì yīgè qíjīle.

EARLY EXPERIENCES (早年的经历)

1	孔子	Kǒngzǐ	Confucius
2	身世	Shēnshì	One's life experience; one's lot
3	坎坷	Kǎnkě	Bumpy; rough; rugged
4	去世	Qùshì	Die; pass away
5	可惜	Kěxí	It's a pity; It's too bad; unfortunately; It is to be regretted that
6	毕竟	Bìjìng	After all; all in all; when all is said and done; in the final analysis
7	注定	Zhùdìng	Be doomed; be destined; be bound to
8	陪伴	Péibàn	Accompany; keep somebody company
9	不了	Bùliǎo	Without end
10	很久	Hěnjiǔ	For ages; a long time ago
11	掌权	Zhǎng quán	Be in power; wield power; exercise control
12	待见	Dài jiàn	Like; be fond of
13	百般	Bǎibān	All sorts; every kind; by all means
14	母子	Mǔzǐ	Mother and son; capital and interest
15	实在	Shízài	True; real; honest
16	忍无可忍	Rěnwú kěrěn	Be driven beyond forbearance; be past endurance
17	搬到	Bān dào	Move to; moved; arouse to
18	从小	Cóngxiǎo	From childhood; since one was very young; as a child
19	拮据	Jiéjū	Short of money; hard up; in

			straitened circumstances
20	清贫	Qīngpín	Be poor
21	好在	Hǎo zài	Fortunately; luckily
22	知足	Zhīzú	Be content with one's lot
23	知足常乐	Zhīzú cháng lè	Contend and happy; a man who is contented will be happy; content is happiness
24	懂事	Dǒngshì	Sensible; intelligent
25	分担	Fēndān	Share responsibility for
26	一个人	Yīgè rén	One
27	拉扯	Lāchě	Drag; pull; draw
28	而且	Érqiě	Not only ... but; and that; and
29	十分	Shífēn	Very; fully; utterly; extremely
30	特别	Tèbié	Special; unusual; particular; out of the ordinary
31	优异	Yōuyì	Excellent; outstanding; exceedingly good
32	欺负	Qīfù	Browbeat; take advantage of; pick on
33	强大	Qiángdà	Big and powerful; powerful; formidable
34	自身	Zìshēn	Oneself; self
35	动力	Dònglì	Motive power; power; dynamic; motive force
36	美满	Měimǎn	Happy; perfectly satisfactory
37	过得去	Guòdéqù	Be able to pass; can get through
38	弥补	Míbǔ	Make up; remedy; make good; offset
39	四处	Sìchù	All around; in all directions; everywhere
40	打听	Dǎtīng	Ask about; inquire about; get a

			line on
41	费劲	Fèijìng	Need or use great effort; be strenuous
42	心思	Xīnsī	Thought; idea
43	从此以后	Cóngcǐ yǐhòu	From this moment on, henceforth
44	孑然一身	Jiérán yīshēn	Be on one's own; all alone in the world; by oneself; be left quite alone
45	自己的	Zìjǐ de	Self
46	名叫	Míng jiào	Call; by the name of
47	不幸的是	Bùxìng de shì	Unfortunately; sad to say; Unluckily
48	离世	Líshì	Cut oneself off from the world; keep aloof from worldly affairs; depart this life; pass away
49	终究	Zhōngjiù	Eventually; in the end; after all
50	白发	Bái fà	White hair
51	黑发	Hēi fǎ	Black hair

Chinese (中文)

孔子的身世是十分坎坷的，在他三岁的时候，他的父亲就去世了。虽然很可惜，但是毕竟年龄摆在那，当时孔子的母亲怀上孔子的时候，叔梁纥已经很老了，注定陪伴不了孔子很久。

自孔子的父亲死后，施氏就掌权了，她自然不待见孔子，于是百般针对他们母子两，孔子母亲实在忍无可忍，最后带着孔子搬到其他地方居住了，所以从小孔子过的比较困难，比较拮据的生活。

哪怕生活过得很清贫，但好在他们母子两也十分知足，知足常乐。孔子也是一个十分懂事的孩子，小小年纪就帮母亲分担家务，毕竟母亲一个人把他拉扯大不容易。而且孔子也是一个十分好学的人，从小学习便特别优异，因为他知道，要想不被人欺负，就得强大自身，这也是他学习的动力。

本来这一切都还算美满，日子也算过得去。直到孔子 17 岁那年，孔子的母亲去世了。为了弥补母亲的遗憾，孔子四处打听他的父亲葬于何处，费劲心思找到后，便将他们两个葬在了一起。

从此以后，孔子便孑然一身了，成了一个无父无母的人。等到孔子 19 岁的时候，也组建了自己的家庭，并且有了一子，名叫孔鲤。但不幸的是最后孔鲤先孔子而离世，终究是白发人送黑发。

Pinyin (拼音)

Kǒngzǐ de shēnshì shì shífēn kǎnkě de, zài tā sān suì de shíhòu, tā de fùqīn jiù qùshìle. Suīrán hěn kěxí, dànshì bìjìng niánlíng bǎi zài nà, dāngshí kǒngzǐ de mǔqīn huái shàng kǒngzǐ de shíhòu, shū liáng gē yǐjīng hěn lǎole, zhùdìng péibàn bùliǎo kǒngzǐ hěnjiǔ.

Zì kǒngzǐ de fùqīn sǐ hòu, shī shì jiù zhǎngquánle, tā zìrán bùdài jiàn kǒngzǐ, yúshì bǎibān zhēnduì tāmen mǔzǐ liǎng, kǒngzǐ mǔqīn shízài rěnwúkěrěn, zuìhòu dàizhe kǒngzǐ bān dào qítā dìfāng jūzhùle, suǒyǐ cóngxiǎo kǒngzǐguò de bǐjiào kùnnán, bǐjiào jiéjū de shēnghuó.

Nǎpà shēnghuóguò dé hěn qīngpín, dàn hǎo zài tāmen mǔzǐ liǎng yě shífēn zhīzú, zhīzú cháng lè. Kǒngzǐ yěshì yīgè shífēn dǒngshì de háizi, xiǎo xiǎo niánjì jiù bāng mǔqīn fēndān jiāwù, bìjìng mǔqīn yīgè rén bǎ tā lāchě dà bù róngyì. Érqiě kǒngzǐ yěshì yīgè shífēn hàoxué de rén, cóngxiǎo xuéxí biàn tèbié yōuyì, yīnwèi tā zhīdào, yào xiǎng bù bèi rén qīfù, jiù dé qiángdà zìshēn, zhè yěshì tā xuéxí de dònglì.

Běnlái zhè yīqiè dōu hái suàn měimǎn, rìzi yě suàn guòdéqù. Zhídào kǒngzǐ 17 suì nà nián, kǒngzǐ de mǔqīn qùshìle. Wèile míbǔ mǔqīn de yíhàn, kǒngzǐ sìchù dǎtīng tā de fùqīn zàng yú hé chù, fèijìng xīnsī zhǎodào hòu, biàn jiāng tāmen liǎng gè zàng zàile yīqǐ.

Cóngcǐ yǐhòu, kǒngzǐ biàn jiérán yīshēnle, chéngle yīgè wú fù wú mǔ de rén. Děngdào kǒngzǐ 19 suì de shíhòu, yě zǔjiànle zìjǐ de jiātíng, bìngqiě yǒule yī zi, míng jiào kǒng lǐ. Dàn bùxìng de shì zuìhòu kǒng lǐ xiān kǒngzǐ ér líshì, zhōngjiù shì bái fà rén sòng hēi fǎ.

CONFUCIUS' OFFICIAL CAREER (孔子的仕途)

1	谈论	Tánlùn	Discuss; speak about; talk about
2	孔子	Kǒngzǐ	Confucius
3	注意到	Zhùyì dào	Have noticed; have paid attention; be adverse to; give heed to
4	成就	Chéngjiù	Achievement; accomplishment; attainment; success
5	其实	Qíshí	Actually; in fact; as a matter of fact; really
6	曾经	Céngjīng	Once
7	官场	Guānchǎng	Officialdom; official circles
8	下面	Xiàmiàn	Below; under; underneath
9	奋斗	Fèndòu	Struggle; fight; strive
10	可不是	Kě bùshì	To be sure it is; certainly is; You don't say!
11	读书	Dúshū	Read; study; attend school
12	志向远大	Zhìxiàng yuǎndà	One's aspirations are far-reaching
13	心中	Xīnzhōng	In the heart; at heart; in mind
14	不仅仅	Bùjǐn jǐn	More than; Not only; not just
15	自己的	Zìjǐ de	Self
16	知识分子	Zhīshì fēnzǐ	Intellectual; the intelligentsia; professional; professional men and women
17	学到	Xué dào	In acquiring
18	报答	Bàodá	Repay; requite; pay back; return
19	一直到	Yīzhí dào	Through; up to
20	去世	Qùshì	Die; pass away
21	许许多多	Xǔ xǔduō	Lots and lots of

		duō	
22	挫折	Cuòzhé	Setback; reverse; frustration; frustrate
23	愿望	Yuànwàng	Desire; wish; aspiration
24	可惜	Kěxí	It's a pity; It's too bad; unfortunately; It is to be regretted that
25	顺利	Shùnlì	Plain sailing; smooth going; without a hitch
26	受到	Shòudào	Be given
27	国君	Guójūn	Monarch
28	重用	Zhòngyòng	Put somebody in an important position
29	在这里	Zài zhèlǐ	Here; Here it is; over here
30	不会	Bù huì	Will not; not likely; incapable
31	出人头地	Chūrén tóudì	Become outstanding; distinguish oneself
32	离开	Líkāi	Leave; depart from; deviate from; departure
33	齐国	Qí guó	Ancient state of Qi in what is now Shandong
34	肯定	Kěndìng	Affirm; approve; confirm; regard as positive
35	赏识	Shǎngshì	Recognize the worth of; appreciate; win recognition from somebody
36	当时	Dāngshí	Then; at that time; just at that moment; right away; at once; immediately
37	掌权	Zhǎng quán	Be in power; wield power; exercise control
38	就算	Jiùsuàn	Even if; granted that
39	重视	Zhòngshì	Attach importance to; pay attention

			to; think highly of; take something seriously
40	而且	Érqiě	Not only ... but; and that; and
41	最后	Zuìhòu	Last; final; ultimate
42	甚至	Shènzhì	Even; so far as to; so much so that
43	误会	Wùhuì	Misunderstand; mistake; misapprehend; misconstrue
44	间谍	Jiàndié	Spy; secret agent; mole
45	于是	Yúshì	Thereupon; hence; consequently; as a result
46	无奈	Wúnài	Cannot help but; have no alternative; have no choice
47	之下	Zhī xià	Under
48	只好	Zhǐhǎo	Have to; be forced to
49	打击	Dǎjí	Strike; attack; crack down; hit
50	从政	Cóng zhèng	Enter politics; become a government official
51	有所	Yǒu suǒ	To some extent; somewhat
52	削减	Xuējiǎn	Cut; reduce; slash; whittle down
53	毕竟	Bìjìng	After all; all in all; when all is said and done; in the final analysis
54	重心	Zhòngxīn	Heart; core; focus; key point
55	做学问	Zuò xuéwèn	Engage in scholarship
56	上面	Shàngmiàn	Above; over; on top of; on the surface of
57	出山	Chūshān	Leave retirement and take a government post; become an official
58	应允	Yìngyǔn	Assent; consent; permit; allow
59	还没有	Hái méiyǒu	Not yet

60	不甘心	Bù gānxīn	Not reconciled to; not resigned to
61	中途	Zhōngtú	Halfway; midway
62	起伏	Qǐfú	Rise and fall; ups and downs; heave rolling; undulate
63	波折	Bōzhé	Twists and turns; setback
64	好在	Hǎo zài	Fortunately; luckily
65	小人	Xiǎo rén	A base person; villain; vile character
66	仕途	Shìtú	Official career
67	高龄	Gāolíng	Advanced age; advanced in years; venerable age
68	年龄	Niánlíng	Age
69	消退	Xiāotuì	Degrade; fade away; gradually vanish
70	反而	Fǎn'ér	On the contrary; instead; but
71	正式	Zhèngshì	Formal; official; regular
72	管理能力	Guǎnlǐ nénglì	Operating capability; supervisory capability; management ability
73	井井有条	Jǐngjǐng yǒutiáo	Be arranged in good order
74	妒忌	Dùjì	Be jealous of; be envious of; grudge; envy
75	赶走	Gǎn zǒu	Drive away; expel; throw out; send somebody packing
76	没想到	Méi xiǎng dào	Have not expected or thought of
77	想方设法	Xiǎngfāng shèfǎ	Try various devices to; do everything possible to; find ways and means to; in every possible way
78	搞垮	Gǎo kuǎ	Breakdown; collapse
79	一大批	Yī dàpī	Host; rush
80	君主	Jūnzhǔ	Monarch; sovereign

81	果然	Guǒrán	Really; as expected; sure enough
82	统治者	Tǒngzhì zhě	Ruler; sovereign
83	沉迷于	Chénmí yú	Indulge; be addicted to
84	玩乐	Wánlè	Have fun; entertain (or amuse) oneself; make fun
85	孔子	Kǒngzǐ	Confucius
86	一气之下	Yīqìzhīxià	In a fury; in a fit of anger
87	从此以后	Cóngcǐ yǐhòu	From this moment on, henceforth
88	周游列国	Zhōuyóu lièguó	Travel through all the kingdoms; roam the various states; tour the various countries
89	旅途	Lǚtú	Journey; trip

Chinese (中文)

当我们谈论到孔子的时候，我们更多是注意到他在思想文化领域的成就。但其实孔子也曾经在官场打拼过，下面我们来详细介绍一下孔子的官场奋斗史。

孔子可不是一个只会读书的人，同时更是一个志向远大的人。他心中不仅仅装着自己的小家，还装着整个大家。作为一个知识分子，孔子也曾经想过用自己所学到的知识去报答自己的国家。

所以孔子 20 岁后，就开始接触官场，一直到他去世，这中间他有过五十多年的官场经历，但是其中经过了许许多多的挫折与打击，最终也没能实现自己的愿望，还是十分可惜的，只能说孔子的仕途并没有很顺利。

在鲁国，孔子并没有受到鲁国国君的重用，他也深知在这里自己是不会出人头地的。便离开鲁国，去到齐国发展。

虽然孔子和齐国的齐景公相谈甚欢，他的一些思想也受到齐景公的肯定，得到了齐景公的赏识。但可惜的是当时掌权的并不是齐景公，所以就算是齐景公重视孔子，也不能重用孔子，所以孔子也没能发挥他的才能。

而且最后孔子甚至还被人误会为鲁国派来的间谍，于是，无奈之下，孔子只好又逃回鲁国了。

正是因为这次受到的打击，孔子的从政之心有所削减。毕竟已经退去了年轻气盛，之后便把重心放到做学问上面来。

但是没过多久，鲁国又有人请孔子出山。虽然孔子受到了很多打击，但还是应允了，毕竟他还没有成功过，所以他还不甘心。这次出山中途虽然有过很大的起伏波折，但好在最后小人被除去了，孔子也终于迎来了他仕途的春天。

虽然当时孔子已经 50 岁的高龄了，但是他的才能并没有随着年龄的增长而消退，反而历久弥新。被正式重用后，孔子发挥出了他的理政能力和管理能力，将鲁国上下打理的井井有条。

但是这个时候，却遭到了齐国的妒忌。毕竟当初他们赶走孔子，如今却没想到成为了自己的一大威胁。于是想方设法搞垮鲁国，给鲁国送去了一大批美女，因为他们知道鲁国的君主喜欢美女。

果然如齐国所料，把美女送过去后，鲁国的统治者变得沉迷于玩乐，孔子气不过，一气之下便走了，从此以后开始了周游列国的旅途。

Pinyin (拼音)

Dāng wǒmen tánlùn dào kǒngzǐ de shíhòu, wǒmen gèng duō shì zhùyì dào tā zài sīxiǎng wénhuà lǐngyù de chéngjiù. Dàn qíshí kǒngzǐ yě céngjīng zài guānchǎng dǎpīnguò, xiàmiàn wǒmen lái xiángxì jièshào yīxià kǒngzǐ de guānchǎng fèndòu shǐ.

Kǒngzǐ kě bùshì yīgè zhǐ huì dúshū de rén, tóngshí gèng shì yīgè zhìxiàng yuǎndà de rén. Tā xīnzhōng bùjǐn jǐn zhuāngzhe zìjǐ de xiǎo jiā, hái zhuāngzhe zhěnggè dàjiā. Zuòwéi yīgè zhīshì fēnzǐ, kǒngzǐ yě céngjīng xiǎngguò yòng zìjǐ suǒ xué dào de zhīshì qù bàodá zìjǐ de guójiā.

Suǒyǐ kǒngzǐ 20 suì hòu, jiù kāishǐ jiēchù guānchǎng, yīzhí dào tā qùshì, zhè zhōngjiān tā yǒuguò wǔshí duō nián de guānchǎng jīnglì, dànshì qízhōng jīngguòle xǔ xǔduō duō de cuòzhé yǔ dǎjí, zuìzhōng yě méi néng shíxiàn zìjǐ de yuànwàng, háishì shífēn kěxí de, zhǐ néng shuō kǒngzǐ de shìtú bìng méiyǒu hěn shùnlì.

Zài lǔ guó, kǒngzǐ bìng méiyǒu shòudào lǔ guó guójūn de zhòngyòng, tā yě shēn zhī zài zhèlǐ zìjǐ shì bù huì chūréntóudì de. Biàn líkāi lǔ guó, qù dào qí guó fāzhǎn.

Suīrán kǒngzǐ hé qí guó de qíjǐnggōng xiāng tán shèn huān, tā de yīxiē sīxiǎng yě shòudào qíjǐnggōng de kěndìng, dédàole qíjǐnggōng de shǎngshì. Dàn kěxí de shì dāngshí zhǎngquán de bìng bùshì qíjǐnggōng, suǒyǐ jiùsuàn shì qíjǐnggōng zhòngshì kǒngzǐ, yě bùnéng zhòngyòng kǒngzǐ, suǒyǐ kǒngzǐ yě méi néng fāhuī tā de cáinéng.

Érqiě zuìhòu kǒngzǐ shènzhì hái bèi rén wùhuì wèi lǔ guó pài lái de jiàndié, yúshì, wúnài zhī xià, kǒngzǐ zhǐhǎo yòu táo huí lǔ guóle.

Zhèngshì yīnwèi zhè cì shòudào de dǎjí, kǒngzǐ de cóngzhèng zhī xīn yǒu suǒ xuējiǎn. Bìjìng yǐjīng tuìqùle niánqīng qì shèng, zhīhòu biàn bǎ zhòngxīn fàng dào zuò xuéwèn shàngmiàn lái.

Dànshì méiguò duōjiǔ, lǔ guó yòu yǒurén qǐng kǒngzǐ chūshān. Suīrán kǒngzǐ shòudàole hěnduō dǎjí, dàn háishì yìngyǔnle, bìjìng tā hái méiyǒu chénggōngguò, suǒyǐ tā hái bù gānxīn. Zhè cì chūshān zhōngtú suīrán yǒuguò hěn dà de qǐfú bōzhé, dàn hǎo zài zuìhòu xiǎo rén bèi chùqúle, kǒngzǐ yě zhōngyú yíng láile tā shìtú de chūntiān.

Suīrán dāngshí kǒngzǐ yǐjīng 50 suì de gāolíngle, dànshì tā de cáinéng bìng méiyǒu suízhe niánlíng de zēng cháng ér xiāotuì, fǎn'ér lìjiǔ mí xīn. Bèi zhèng shì zhòngyòng hòu, kǒngzǐ fāhuī chūle tā de lǐ zhèng nénglì hé guǎnlǐ nénglì, jiāng lǔ guó shàngxià dǎ lǐ de jǐngjǐngyǒutiáo.

Dànshì zhège shíhòu, què zāo dàole qí guó de dùjì. Bìjìng dāngchū tāmen gǎn zǒu kǒngzǐ, rújīn què méi xiǎngdào chéngwéile zìjǐ de yī dà wēixié. Yúshì xiǎngfāngshèfǎ gǎo kuǎ lǔ guó, gěi lǔ guó sòng qùle yī dàpī měinǚ, yīnwèi tāmen zhīdào lǔ guó de jūnzhǔ xǐhuān měinǚ.

Guǒrán rú qí guó suǒ liào, bǎ měinǚ sòng guòqù hòu, lǔ guó de tǒngzhì zhě biàn dé chénmí yú wánlè, kǒngzǐ qì bùguò, yīqìzhīxià biàn zǒule, cóngcǐ yǐhòu kāishǐle zhōuyóu lièguó de lǚtú.

CONFUCIUS' ACHIEVEMENTS (孔子的成就)

1	虽然	Suīrán	Though; although
2	孔子	Kǒngzǐ	Confucius
3	曾经	Céngjīng	Once
4	做出	Zuò chū	Make (a decision)
5	很大	Hěn dà	Great; large
6	贡献	Gòngxiàn	Contribute; dedicate; devote; contribution
7	成就	Chéng jiù	Achievement; accomplishment; attainment; success
8	还是	Háishì	Still; nevertheless; all the same
9	文学	Wénxué	Literature
10	上面	Shàng miàn	Above; over; on top of; on the surface of
11	仁政	Rénzhèng	Policy of benevolence
12	君主	Jūnzhǔ	Monarch; sovereign
13	法治	Fǎzhì	Rule of law; government by law; governed by law
14	德治	Dé zhì	Rule of virtue
15	感化	Gǎnhuà	Help somebody to change
16	心服口服	Xīnfú kǒufú	Be sincerely convinced; admire from the heart; admit somebody's superiority; assent cordially to
17	统治者	Tǒngzhì zhě	Ruler; sovereign
18	体恤	Tǐxù	Understand and sympathize with; show solicitude for
19	民情	Mínqíng	Conditions of the people

20	老百姓	Lǎobǎi xìng	Folk; common people; ordinary people; civilians
21	百姓	Bǎixìng	Common people; people
22	如同	Rútóng	Like; similar to; as
23	水能	Shuǐ néng	Hydro-energy
24	教训	Jiàoxùn	Lesson; moral
25	深刻	Shēnkè	Depth; deep; profound; deep-going
26	明白	Míng bái	Clear; obvious; plain
27	了得	Liǎo dé	Terrible; horrible
28	民心	Mínxīn	Common aspiration of the people; feelings of common people
29	天下	Tiānxià	China or the world; land under heaven
30	开办	Kāibàn	Open; set up; start; found
31	学堂	Xuétáng	School
32	招收	Zhāoshōu	Recruit; take in
33	子弟	Zǐdì	Sons and younger brothers; juniors; children
34	在当时	Zài dāngshí	At that time; in those days; at the time
35	分等级	Fēn děngjí	Graduation
36	平民	Píngmín	The populace; the common people
37	贵族	Guìzú	Noble; nobleman; aristocrat; nobility
38	享有	Xiǎngyǒu	Enjoy
39	优质	Yōuzhì	High quality; high grade
40	开设	Kāishè	Open; set up; establish; found
41	因材施教	Yīncái	Teach or educate students

		shījiào	based on their ability; adapt teaching to suit the students
42	主张	Zhǔzhāng	Proposal; opinion; assertion; view
43	极大	Jí dà	Maximum
44	除此之外	Chú cǐ zhī wài	Besides; in addition
45	古籍	Gǔjí	Ancient books
46	整理	Zhěnglǐ	Arrange; put in order; reorganize; sort out
47	并且	Bìngqiě	And; also; in addition
48	根据	Gēnjù	On the basis of; according to; in the light of; in line with
49	书籍	Shūjí	Books; works; literature
50	资料	Zīliào	Means; data; material
51	弟子	Dìzǐ	Disciple; pupil; follower
52	平时	Píngshí	In normal times; at ordinary times; in peacetime
53	言论	Yánlùn	Opinion on public affairs; views on politics; expression of one's political views; speech
54	记录	Jìlù	Take notes; keep the minutes; record; write down
55	下来	Xiàlái	Come down; come from a higher place; go among the masses
56	论语	Lúnyǔ	The Analects of Confucius; the Analects

Chinese (中文)

虽然孔子曾经从过政，也做出了很大的贡献，但主要的成就还是在文学上面。

在政治层面，孔子提出仁政，认为君主应该以德治国。法治只能强制的控制人们的行为，只有德治才能感化人的内心，使之心服口服。统治者应该体恤民情，重视老百姓的作用，老百姓就如同这水一般，水能载舟，亦能覆舟。历史的教训也是我们深刻的明白了得民心者得天下。

在教育层面，孔子开办学堂，广泛招收子弟。在当时，教育也是要分等级的。许多平民百姓可能难以享受到平等的教育，只有那些贵族，享有优质教育的资源。而孔子开设的学堂，正是面对那些平民子弟。而且孔子还提出因材施教的教育主张，这些思想极大的影响了他的学生。

除此之外，孔子在文化古籍的整理这方面还做出了一些贡献，并且根据一些书籍资料编成了《春秋》这本书。而且还修正了《诗》，《书》，《礼》，《易》，《经》这些文化典籍。虽然孔子没有写过关于他的教育主张的书，但是他的弟子根据他平时说的一些言论，记录下来并编成了《论语》一书。

Pinyin (拼音)

Suīrán kǒngzǐ céngjīng cóngguò zhèng, yě zuò chūle hěn dà de gòngxiàn, dàn zhǔyào de chéngjiù háishì zài wénxué shàngmiàn.

Zài zhèngzhì céngmiàn, kǒngzǐ tíchū rénzhèng, rènwéi jūnzhǔ yīnggāi yǐ dé zhìguó. Fǎzhì zhǐ néng qiángzhì de kòngzhì rénmen de xíngwéi, zhǐyǒu dé zhì cáinéng gǎnhuà rén de nèixīn, shǐ zhī xīnfú kǒufú.

Tǒngzhì zhě yīnggāi tǐxù mínqíng, zhòngshì lǎobǎixìng de zuòyòng, lǎobǎixìng jiù rútóng zhè shuǐ yībān, shuǐ néng zài zhōu, yì néng fù zhōu. Lìshǐ de jiàoxùn yěshì wǒmen shēnkè de míng bái liǎo dé mínxīn zhě dé tiānxià.

Zài jiàoyù céngmiàn, kǒngzǐ kāibàn xuétáng, guǎngfàn zhāoshōu zǐdì. Zài dāngshí, jiàoyù yěshì yào fēn děngjí de. Xǔduō píngmín bǎixìng kěnéng nányǐ xiǎngshòu dào píngděng de jiàoyù, zhǐyǒu nàxiē guìzú, xiǎngyǒu yōuzhì jiàoyù de zīyuán. Ér kǒngzǐ kāishè de xuétáng, zhèng shì miàn duì nàxiē píngmín zǐdì. Érqiě kǒngzǐ hái tíchū yīncáishījiào de jiàoyù zhǔzhāng, zhèxiē sīxiǎng jí dà de yǐngxiǎngle tā de xuéshēng.

Chú cǐ zhī wài, kǒngzǐ zài wénhuà gǔjí de zhěnglǐ zhè fāngmiàn hái zuò chūle yīxiē gòngxiàn, bìngqiě gēnjù yīxiē shūjí zīliào biān chéngle "chūnqiū" zhè běn shū. Érqiě hái xiūzhèngle "shī","shū","lǐ","yì","jīng" zhèxiē wénhuà diǎnjí. Suīrán kǒngzǐ méiyǒu xiěguò guānyú tā de jiàoyù zhǔzhāng de shū, dànshì tā de dìzǐ gēnjù tā píngshí shuō de yīxiē yánlùn, jìlù xiàlái bìng biān chéngle "lúnyǔ" yī shū.

THE STORY OF CONFUCIUS (孔子的故事)

1	弟子	Dìzǐ	Disciple; pupil; follower
2	在野外	Zài yěwài	Outdoors; in field; in the open
3	没什么	Méi shénme	It doesn't matter; it's nothing; that's all right; never mind
4	用完了	Yòng wánliǎo	Run out of; used up; ran out
5	不行了	Bùxíngle	On the point of death; dying
6	野草	Yěcǎo	Weeds
7	充饥	Chōngjī	Allay one's hunger
8	名叫	Míng jiào	Call; by the name of
9	得意	Déyì	Proud of oneself; pleased with oneself; complacent
10	忍心	Rěnxīn	Pitiless; hardhearted
11	这么多	Zhème duō	So many; so much; thus much
12	挨饿	Āi è	Suffer from hunger or starvation; famish; starve
13	心思	Xīnsī	Thought; idea
14	米饭	Mǐfàn	Rice
15	稀饭	Xīfàn	Porridge
16	快要	Kuàiyào	Be about to; be going to; be on the verge of; soon
17	把手	Bǎshǒu	Handle; holder; hand; knob
18	在当时	Zài dāngshí	At that time; in those days; at the time
19	大不敬	Dà bùjìng	Great disrespects to one's superior; disrespect one's seniors
20	长辈	Zhǎngbèi	Elder member of a family; elder; senior

21	更何况	Gèng hékuàng	Moreover
22	开饭	Kāifàn	Serve a meal
23	向来	Xiànglái	Always; all along
24	教导	Jiàodǎo	Instruct; teach; give guidance; enlighten
25	连忙	Liánmáng	Promptly; immediately; instantly; in a hurry
26	掉进	Diào jìn	Drop into; fall into
27	弄脏	Nòng zāng	Stain; soil; pollute; smudge
28	拿出来	Ná chūlái	Take out; hand out; bring out
29	错怪	Cuòguài	Blame somebody wrongly; blame unjustly
30	不禁	Bùjīn	Can't help; can't refrain from; involuntarily; spontaneously
31	感叹	Gǎntàn	Sigh with feeling
32	眼见为实	Yǎnjiàn wéi shí	Seeing is believing.
33	愿意	Yuànyì	Be willing; be ready
34	相信自己	Xiāngxìn zìjǐ	Believe in Yourself; believe myself; Trust yourself
35	眼睛	Yǎnjīng	Eye
36	殊不知	Shūbùzhī	Hardly imagine; hardly realize
37	不一定	Bù yīdìng	Uncertain; not sure; not necessarily so
38	看出	Kàn chū	Make out; perceive; find out; be aware of
39	敢于	Gǎnyú	Dare to; be bold in; have the courage to
40	认错	Rèncuò	Acknowledge a mistake; admit a fault; make an apology

41	善于	Shànyú	Be good at; be adept in
42	身份	Shēnfèn	Status; capacity; identity; dignity
43	颠倒黑白	Diāndǎo hēibái	Fail to make a difference between right and wrong
44	不明是非	Bùmíng shìfēi	Confuse right and wrong; not know chalk from cheese
45	高低	Gāodī	Height; relative superiority or inferiority
46	言传身教	Yánchuán shēnjiào	Instruct and influence others by one's word and deed
47	身先士卒	Shēnxiān shìzú	Be in the van of one's officers and men; charge at the head of one's men; lead one's men in a charge
48	反思	Fǎnsī	Self-examination; introspection
49	思考	Sīkǎo	Think deeply; ponder over; reflect on; deliberate
50	中学	Zhōngxué	Middle school; secondary school; Chinese learning; a late Qing Dynasty term for Chinese traditional learning;
51	道理	Dàolǐ	Truth; reason; principle; hows and whys
52	下次	Xià cì	Next time; next
53	再犯	Zàifàn	Repeat an offense; repeat offence

Chinese (中文)

有一次，孔子周游列国时，带着他的弟子不幸被困在野外，被迫待在一个地方七天，周围又没什么人家。提前储备的水和粮食也早已经用完了，接下来的日子里大家都在饿肚子，饿的不行了就吃野草充饥。

孔子的一个弟子，名叫颜回，他是孔子最得意的弟子。他实在是不忍心这么多人一起挨饿，于是费尽心思讨了一些米饭回来，但是米不多，只能煮成稀饭，这样的话大家就可以一起吃了。

正当快要做好饭的时候，孔子无意间见到颜回把手伸进锅里拿饭吃，这在当时可是大不敬，因为吃饭都要以长辈为先，更何况在这种人人挨饿的时候。但是当时孔子并没有言语，只是看在眼里。

等到开饭的时候，孔子才对颜回说，我向来教导你们要尊敬长辈，吃饭的时候也应该让长辈先吃，哪有自己先吃的道理？

颜回听了后连忙解释，当时是他看到有锅灰掉进了锅里，他才把被弄脏的米饭拿出来吃了，省的浪费。

孔子听了后才知道是自己错怪了颜回，他不禁感叹道：都说耳听为虚，眼见为实。人们往往愿意相信自己眼睛所看到的，认为眼睛看到了的才是真的，却殊不知眼睛所看到的也不一定是真的。

从这个故事中我们可以看出孔子是一个敢于认错并且善于思考的人，尽管面对的是他的弟子，他也并没有以老师的身份而颠倒黑白，不明是非，错了就是错了，不会因为身份的高低而有所改变。所以这也是孔子能教出好弟子的原因吧，因为他都是言传身教，身先士卒。而且孔子还会从错误中反思，思考错的原因，以及从中学会的道理，保证下次不会再犯相同的错误。

Pinyin (拼音)

Yǒu yīcì, kǒngzǐ zhōuyóu lièguó shí, dàizhe tā de dìzǐ bùxìng bèi kùn zài yěwài, bèi pò dài zài yīgè dìfāng qītiān, zhōuwéi yòu méishénme rénjiā. Tíqián chúbèi de shuǐ hé liángshí yě zǎo yǐjīng yòng wánliǎo, jiē xiàlái de rìzi lǐ dàjiā dōu zài è dùzi, è de bùxíngle jiù chī yěcǎo chōngjī.

Kǒngzǐ de yīgè dìzǐ, míng jiào yán huí, tā shì kǒngzǐ zuì déyì de dìzǐ. Tā shízài shì bù rěnxīn zhème duō rén yīqǐ āi è, yúshì fèi jìn xīnsī tǎole yīxiē mǐfàn huílái, dànshì mǐ bù duō, zhǐ néng zhǔ chéng xīfàn, zhèyàng dehuà dàjiā jiù kěyǐ yīqǐ chīle.

Zhèngdàng kuàiyào zuò hǎo fàn de shíhòu, kǒngzǐ wúyì jiān jiàn dào yán huí bǎshǒu shēn jìn guō lǐ ná fàn chī, zhè zài dāngshí kěshì dà bùjìng, yīnwèi chīfàn dōu yào yǐ zhǎngbèi wèi xiān, gèng hékuàng zài zhè zhǒng rén rén āi è de shíhòu. Dànshì dāngshí kǒngzǐ bìng méiyǒu yányǔ, zhǐshì kàn zài yǎn lǐ.

Děngdào kāifàn de shíhòu, kǒngzǐ cái duì yán huí shuō, wǒ xiànglái jiàodǎo nǐmen yào zūnjìng zhǎngbèi, chīfàn de shíhòu yě yīnggāi ràng zhǎngbèi xiān chī, nǎ yǒu zìjǐ xiān chī de dàolǐ?

Yán huí tīngle hòu liánmáng jiěshì, dāngshí shì tā kàn dào yǒu guō huī diào jìnle guō lǐ, tā cái bǎ bèi nòng zāng de mǐfàn ná chūlái chīle, shěng de làngfèi.

Kǒngzǐ tīngle hòu cái zhīdào shì zìjǐ cuòguàile yán huí, tā bùjīn gǎntàn dào: Dōu shuō ěr tīng wèi xū, yǎnjiàn wéi shí. Rénmen wǎngwǎng yuànyì xiāngxìn zìjǐ yǎnjīng suǒ kàn dào de, rènwéi yǎnjīng kàn dàole de cái shì zhēn de, què shūbùzhī yǎnjīng suǒ kàn dào de yě bù yīdìng shì zhēn de.

Cóng zhège gùshì zhōng wǒmen kěyǐ kàn chū kǒngzǐ shì yīgè gǎnyú rèncuò bìngqiě shànyú sāi kǎo de rén, jǐnguǎn miàn duì de shì tā de dìzǐ, tā yě bìng méiyǒu yǐ lǎoshī de shēnfèn ér diāndǎo hēibái, bùmíng shìfēi, cuòle jiùshì cuòle, bù huì yīnwèi shēnfèn de gāodī ér yǒu suǒ gǎibiàn. Suǒyǐ zhè yěshì kǒngzǐ néng jiào chū hǎo dìzǐ de yuányīn ba, yīnwèi tā dōu shì yánchuánshēnjiào, shēnxiānshìzú. Érqiě kǒngzǐ hái huì cóng cuòwù zhōng fǎnsī, sīkǎo cuò de yuányīn, yǐjí cóngzhōng xuéhuì de dàolǐ, bǎozhèng xià cì bù huì zàifàn xiāngtóng de cuòwù.

STATUS OF CONFUCIUS (孔子的地位)

1	全世界	Quán shìjiè	The whole world; the whole creation
2	享有	Xiǎngyǒu	Enjoy
3	历史上	Lìshǐ shàng	Historically; in history
4	文学家	Wénxué jiā	Writer; man of letters; literati
5	思想家	Sīxiǎngjiā	Thinker
6	教育家	Jiàoyù jiā	Educator
7	儒家	Rújiā	The Confucian school
8	学派	Xuépài	School of thought; school
9	创始人	Chuàngshǐ rén	Founder; originator
10	一段时间	Yīduàn shíjiān	A period of time
11	儒家思想	Rújiā sīxiǎng	Confucianism
12	中国	Zhōngguó	China; Sino-
13	主流	Zhǔliú	Mainstream; essential or main aspect
14	思想	Sīxiǎng	Thought; thinking; idea; ideology
15	产生	Chǎnshēng	Produce; engender; emerge; come into being
16	非常	Fēicháng	Extraordinary; unusual; special; very
17	深远	Shēnyuǎn	Profound and lasting; far-reaching
18	影响	Yǐngxiǎng	Influence; affect; effect
19	不仅仅	Bùjǐn jǐn	More than; Not only; not just
20	治国	Zhìguó	Administer a country; manage state affairs

21	当中	Dāng zhōng	In the middle; in the center
22	有所	Yǒu suǒ	To some extent; somewhat
23	日常生活	Rìcháng shēnghuó	Everyday life; daily life
24	行为准则	Xíngwéi zhǔnzé	Standard of conduct; principles of conduct
25	下面	Xiàmiàn	Below; under; underneath
26	举出	Jǔ chū	Enumerate; itemize; cite
27	主张	Zhǔzhāng	Proposal; opinion; assertion; view
28	诚实	Chéngshí	Honest
29	守信	Shǒuxìn	Keep one's word; keep promises
30	孔子	Kǒngzǐ	Confucius
31	不知	Bùzhī	Not to know; have no idea of; be ignorant of; be in the dark
32	意思是	Yìsi shì	Mean; to the effect that
33	如果没有	Rúguǒ méiyǒu	But for
34	什么也	Shénme yě	Whatever
35	告诫	Gàojiè	Warn; admonish; enjoin; counsel
36	在社会上	Zài shèhuì shàng	Socially; in society
37	立足	Lìzú	Have a foothold somewhere; keep a foothold
38	温故知新	Wēngù zhīxīn	Review; gain new insights through restudying old material
39	缺少	Quēshǎo	Lack; be short of; absence; disappearance
40	复习	Fùxí	Review; revise; refresher

41	看来	Kàn lái	It seems; it appears
42	意思	Yìsi	Meaning; idea
43	就是说	Jiùshì shuō	That is to say; in other words; namely
44	魅力	Mèilì	Glamour; charm; enchantment; fascination
45	第一次	Dì yī cì	First; for the first time
46	总是	Zǒng shì	Always; invariably
47	认知	Rèn zhī	Cognition; -gnosis
48	模糊	Móhú	Dim; vague; indistinct; obscure
49	第二次	Dì èr cì	Second time
50	看好	Kànhǎo	Look to further increase
51	以此类推	Yǐ cǐ lèituī	And so on; and the like
52	每次	Měi cì	At every turn
53	领悟	Lǐngwù	Comprehend; grasp; understand
54	不一样	Bù yīyàng	Different; unlike
55	核心	Héxīn	Core; kernel; kern; heart
56	仁爱	Rén'ài	Kindheartedness
57	待人	Dàirén	Treat people; behave toward other people
58	做人	Zuòrén	Conduct oneself; behave
59	讲求	Jiǎngqiú	Be particular about; pay attention to; stress; strive for
60	仁义道德	Rényì dàodé	Humanity, justice and morality; benevolence, righteousness and virtue
61	关爱	Guān'ài	Express solicitude for somebody's well-being; concern and love

62	老人	Lǎorén	Old man or woman; the aged; the old; one's aged parents or grandparents
63	等等	Děng děng	Wait a minute; and so on; and so on and so forth; etc.; and others
64	符合	Fúhé	Accord with; tally with; conform to; fit
65	我们的	Wǒmen de	Ours
66	社会主义	Shèhuì zhǔyì	Socialism

Chinese (中文)

孔子不仅在中国的地位高，在全世界也是享有很高的地位的。孔子是中国历史上著名的文学家，思想家，教育家，同时也是儒家学派的创始人。在很长一段时间内，儒家思想都是中国的主流思想，对中国产生了非常深远的影响。

孔子的思想不仅仅在治国当中有所体现，也是人们日常生活的行为准则，于国于人民都功不可没。下面我们举出一些孔子的思想主张：

一：诚实守信

孔子曾经说过，人而无信，不知其可也。这句话的意思是，人如果没有信用，什么也做不成。所以这句话告诫我们为人要讲信用，才会受到别人的尊重，才能在社会上立足。

二：温故知新

孔子认为学习不能缺少复习，在孔子看来，温故而知新，意思就是说我们复习学过的知识可以得到新的知识，这便是复习的魅力。

就像我们看一本书，第一次看总是认知最模糊的，第二次看又要比第一次看好一点，以此类推，每次看领悟到的知识都不一样。

三：仁爱

"仁"是孔子思想的核心，孔子主张仁爱，以礼待人，他曾说过，己所不欲勿施于人，做人要讲求仁义道德，不能干不仁不义的事情，还有关爱老人等等，这些思想也符合我们的社会主义核心价值观。

Pinyin (拼音)

Kǒngzǐ bùjǐn zài zhōngguó dì dìwèi gāo, zài quán shìjiè yěshì xiǎngyǒu hěn gāo dì dìwèi de. Kǒngzǐ shì zhōngguó lìshǐ shàng zhùmíng de wénxué jiā, sīxiǎngjiā, jiàoyù jiā, tóngshí yěshì rújiā xuépài de chuàngshǐ rén. Zài hěn zhǎng yīduàn shíjiān nèi, rújiā sīxiǎng dōu shì zhōngguó de zhǔliú sīxiǎng, duì zhōngguó chǎnshēngle fēicháng shēnyuǎn de yǐngxiǎng.

Kǒngzǐ de sīxiǎng bùjǐn jǐn zài zhìguó dāngzhōng yǒu suǒ tǐxiàn, yěshì rénmen rìcháng shēnghuó de xíngwéi zhǔnzé, yú guó yú rénmín dōu gōng bùkě méi. Xiàmiàn wǒmen jǔ chū yīxiē kǒngzǐ de sīxiǎng zhǔzhāng:

Yī: Chéngshí shǒuxìn

kǒngzǐ céngjīng shuōguò, rén ér wú xìn, bùzhī qí kě yě. Zhè jù huà de yìsi shì, rén rúguǒ méiyǒu xìnyòng, shénme yě zuò bùchéng. Suǒyǐ zhè jù huà gàojiè wǒmen wéirén yào jiǎng xìnyòng, cái huì shòudào biérén de zūnzhòng, cáinéng zài shèhuì shàng lìzú.

Èr: Wēngùzhīxīn

kǒngzǐ rènwéi xuéxí bùnéng quēshǎo fùxí, zài kǒngzǐ kàn lái, wēngù ér zhī xīn, yìsi jiùshì shuō wǒmen fùxí xuéguò de zhīshì kěyǐ dédào xīn de zhīshì, zhè biàn shì fùxí de mèilì. Jiù xiàng wǒmen kàn yī běn shū, dì yī cì kàn zǒng shì rèn zhī zuì móhú de, dì èr cì kàn yòu yào bǐ dì yī cì kànhǎo yīdiǎn, yǐ cǐ lèituī, měi cì kàn lǐngwù dào de zhīshì dōu bù yīyàng.

Sān: Rén'ài

"rén" shì kǒngzǐ sīxiǎng de héxīn, kǒngzǐ zhǔzhāng rén'ài, yǐ lǐ dàirén, tā céng shuōguò, jǐ suǒ bù yù wù shī yú rén, zuòrén yào jiǎngqiú rényì dàodé, bùnéng gān bùrén bù yì de shìqíng, hái yǒuguān ài lǎorén děng děng, zhèxiē sīxiǎng yě fúhé wǒmen de shèhuì zhǔyì héxīn jiàzhíguān.

www.QuoraChinese.com

www.ingramcontent.com/pod-product-compliance
Lightning Source LLC
LaVergne TN
LVHW061959070526
838199LV00060B/4196